# BURITI Plus HISTÓRIA

## CADERNO DE ATIVIDADES

# 3

**Organizadora: Editora Moderna**

Obra coletiva concebida, desenvolvida
e produzida pela Editora Moderna.

**Editora Executiva:**
Ana Claudia Fernandes

NOME: ............................................................................

............................................................TURMA: ...........................

ESCOLA: ......................................................................

......................................................................

1ª edição

MODERNA

© Editora Moderna, 2019

**MODERNA**

**Coordenação editorial:** Ana Cláudia Fernandes
**Edição de texto:** Ofício do Texto Projetos Editoriais
**Assistência editorial:** Ofício do Texto Projetos Editoriais
**Gerência de *design* e produção gráfica:** Everson de Paula
**Coordenação de produção:** Patricia Costa
**Suporte administrativo editorial:** Maria de Lourdes Rodrigues
**Coordenação de *design* e projetos visuais:** Marta Cerqueira Leite
**Projeto gráfico:** Adriano Moreno Barbosa, Daniel Messias, Mariza de Souza Porto
**Capa:** Bruno Tonel
   *Ilustração*: Raul Aguiar
**Coordenação de arte:** Wilson Gazzoni Agostinho
**Edição de arte:** Teclas Editorial
**Editoração eletrônica:** Teclas Editorial
**Coordenação de revisão:** Elaine Cristina del Nero
**Revisão:** Ofício do Texto Projetos Editoriais
**Coordenação de pesquisa iconográfica:** Luciano Baneza Gabarron
**Pesquisa iconográfica:** Ofício do Texto Projetos Editoriais
**Coordenação de *bureau*:** Rubens M. Rodrigues
**Tratamento de imagens:** Fernando Bertolo, Joel Aparecido, Luiz Carlos Costa, Marina M. Buzzinaro
**Pré-impressão:** Alexandre Petreca, Everton L. de Oliveira, Marcio H. Kamoto, Vitória Sousa
**Coordenação de produção industrial:** Wendell Monteiro
**Impressão e acabamento:** HRosa Gráfica e Editora
**Lote:** 287970

Elaboração de originais:

**Pamela Shizue Goya**
Bacharel em História pela Universidade de São Paulo (USP).
Editora e elaboradora de conteúdos didáticos.

**Maria Clara Antonelli**
Bacharel e licenciada em História pela Universidade de São Paulo (USP).
Editora e elaboradora de conteúdos didáticos.

**Dados Internacionais de Catalogação na Publicação (CIP)**
**(Câmara Brasileira do Livro, SP, Brasil)**

| |
|---|
| Buriti plus história : caderno de atividades / organizadora Editora Moderna ; obra coletiva concebida, desenvolvida e produzida pela Editora Moderna ; editora executiva Ana Claudia Fernandes. – 1. ed. – São Paulo : Moderna, 2019. – (Projeto Buriti) |
| Obra em 4 v. para alunos do 2º ao 5º ano. |
| 1. História (Ensino fundamental) I. Fernandes, Ana Claudia. II. Série |
| 19-23440        CDD-372.89 |

**Índices para catálogo sistemático:**
1. História : Ensino fundamental 372.89

Maria Alice Ferreira — Bibliotecária — CRB-8/7964

**ISBN 978-85-16-11757-3 (LA)**
**ISBN 978-85-16-11758-0 (LP)**

**EDITORA MODERNA LTDA.**
Rua Padre Adelino, 758 – Belenzinho
São Paulo – SP – Brasil – CEP 03303-904
Vendas e Atendimento: Tel. (0_ _11) 2602-5510
Fax (0_ _11) 2790-1501
www.moderna.com.br
2020
Impresso no Brasil

1 3 5 7 9 10 8 6 4 2

# Apresentação

### CARO(A) ALUNO(A)

Fizemos este Caderno de Atividades para que você tenha a oportunidade de reforçar ainda mais seus conhecimentos em História.

No início de cada unidade, na seção **Lembretes**, há um resumo do conteúdo explorado nas atividades, que aparecem em seguida.

As atividades são variadas e distribuídas em quatro unidades, planejadas para auxiliá-lo a aprofundar o aprendizado.

Bom trabalho!

*Os editores*

JOÃO MAURICIO BRAGANÇA

Pingente em forma de coroa. Vestígio encontrado no Sítio Arqueológico do Cais do Valongo. Município do Rio de Janeiro, estado do Rio de Janeiro, 2014.

# Sumário

Parte do Mercado Ver-o-Peso. Município de Belém, estado do Pará, 2017.

LUCIANA WHITAKER/PULSAR IMAGENS

## Lembretes

### O espaço público

- A maioria dos espaços públicos, como ruas, praças e praias, pertence a todos e pode ser usada livremente.

- Mas há alguns espaços públicos de acesso, como as escolas e os hospitais públicos, a Prefeitura e a Câmara Municipal.

- O governo tem o dever de administrar os espaços públicos, enquanto a população tem o dever de mantê-los conservados.

- Os espaços públicos são classificados de acordo com sua função. Podem servir para a circulação de pessoas (ruas e praças), para o lazer (parques e praias), para a preservação ambiental (reservas ecológicas) e para abrigar prédios públicos (escolas, hospitais e bibliotecas).

- Nos espaços públicos, as pessoas se relacionam umas com as outras, se aproximam, trocam experiências, aprendem e fortalecem a cidadania.

- Alguns exemplos de atitudes cidadãs são manter as ruas limpas, separar o lixo reciclável e participar da vida da comunidade.

### Uma questão de espaço

- O espaço doméstico é a casa em que você mora com seus familiares. Não é público, mas um espaço particular, e pertence a quem mora nele.

- No espaço doméstico realizamos muitas atividades, como comer, dormir, estudar, tomar banho, conversar, divertir-se etc.

- Há diferentes tipos de moradia, de acordo com as preferências pessoais e contextos social, econômico, cultural e climático. Elas podem ser térreas, sobrados, prédios, barracos, palafitas e casas de taipa, por exemplo.

- O espaço privado é um lugar que não pertence ao governo, mas a um proprietário ou grupo de pessoas. Pode ser um estabelecimento comercial, como um supermercado ou um restaurante, espaços abertos ao público que pretende consumir os produtos ou serviços vendidos neles.

# O lazer de todos

- As pessoas costumam dividir seu tempo para estudar e/ou trabalhar e para descansar e ter lazer. Essa divisão tornou-se bastante comum depois do surgimento da indústria e da criação de novas formas de trabalho.

- Há cerca de 130 anos, no Brasil, os africanos escravizados compunham a maioria da população e sustentavam a economia do país. Passavam a maior parte do tempo trabalhando e, sempre que podiam, procuravam formas de lazer, mesmo que fossem proibidas. Aqueles que tinham uma posição social mais alta – as elites – controlavam os escravizados e comandavam o país.

- As formas de lazer dos escravizados e as das elites eram diferentes: os escravizados se reuniam principalmente nos batuques; as elites frequentavam teatros e bailes de gala.

- Nessa época, as principais formas de lazer eram as festas, as danças e os diferentes tipos de música, que eram herança dos povos africanos, indígenas e europeus. O jongo, por exemplo, é uma manifestação cultural de origem africana considerada patrimônio imaterial do Brasil.

## Trabalho e lazer no campo e na cidade

- O lazer e o trabalho variam de acordo com o tempo e o lugar.

- No campo, o trabalho geralmente está relacionado à agricultura, à pecuária e ao processamento dos produtos dessas atividades. Entre as principais formas de lazer das comunidades rurais estão as feiras e as festas locais.

- Já nas cidades, as principais atividades estão ligadas ao comércio, à indústria, aos serviços, à administração, às atividades financeiras e educativas. Como há mais áreas construídas do que arborizadas, as áreas verdes geralmente são usadas como espaços de lazer.

- Tanto na cidade como no campo podem existir diversos espaços de lazer: praças, ruas, *shopping centers*, cinemas, campos de futebol, restaurantes, museus, centros culturais, entre outros.

- No passado, as mulheres não tinham o direito de trabalhar. O espaço que ocupam na vida pública, atualmente, é resultado das conquistas obtidas por mulheres de sucessivas gerações.

# Espaços e memória

- Muitos monumentos, construções, ruas e praças são marcos históricos, isto é, símbolos da história local que possibilitam relacionar o passado e o presente. Os nomes desses lugares podem ter relação com sua função no passado ou com um acontecimento histórico importante.

- Artesanato, tipos de dança e música, festas e maneiras de preparar alimentos também podem ter valor histórico e importância cultural.

- Muitos edifícios, objetos e costumes são considerados patrimônios históricos e culturais porque representam uma parte importante da história de um lugar, de um modo de vida, de uma rica herança cultural.

- É essencial preservar os patrimônios históricos e culturais para manter viva a memória de um lugar e de uma comunidade. Estudando-os, podemos compreender melhor seu passado e seu presente.

- A preservação de um patrimônio é responsabilidade não apenas de historiadores e arqueólogos, nem somente do Estado, mas também de todos os cidadãos.

Escultura Cavalo babão, no Largo da Ordem, no município de Curitiba, na capital do estado do Paraná, em 2018.

Fachada do prédio da Faculdade de Medicina da Universidade Federal da Bahia, no município de Salvador, capital do estado, em 2018.

Congada no município de Catalão, no estado de Goiás, em 2017.

Sítio arqueológico Cais do Valongo, no município do Rio de Janeiro, capital do estado de mesmo nome, em 2017.

# Atividades

**1** Observe as imagens e classifique-as conforme a legenda a seguir.

**PU** Espaço público  **PR** Espaço privado  **DO** Espaço doméstico

Restaurante no município de Campina Grande, no estado da Paraíba, em 2017.

Praia de Tambaú, no município de João Pessoa, capital do estado da Paraíba, em 2019.

Familiares consumindo uma refeição na moradia onde residem.

Adolescente estudando no dormitório da moradia onde reside.

Pessoas pedalando na Avenida Paulista em uma manhã de domingo, no município de São Paulo, capital do estado de mesmo nome, em 2019.

Hotel no município de Pirenópolis, no estado de Goiás, em 2016.

**2** Observe a imagem a seguir e responda às perguntas.

Palafitas na margem do rio Tapajós, no município de Itaituba, no estado do Pará, em fotografia de 2017.

a) Como você classificaria o tipo de espaço mostrado na fotografia: público, privado ou doméstico?

_____

b) Esse tipo de moradia é semelhante àquele onde você mora?

_____

_____

c) Escreva uma semelhança e uma diferença entre a moradia mostrada na fotografia e aquela onde você mora.

_____

_____

_____

_____

**3** Complete as frases com as palavras do quadro.

| dever | Prefeitura | conservados |
|---|---|---|
| moradia | espaço doméstico | manter |

a) O prédio da _____ é um exemplo de espaço público.

b) Todos os cidadãos têm o _____ de _____ os

espaços públicos limpos e _____.

c) A _____ é um _____ e um direito

de todos.

**4** Leia o texto a seguir e faça o que se pede.

Áreas de proteção ambiental abrigam uma grande variedade de animais e plantas, além de outras riquezas naturais, como cachoeiras, rios, minerais e formações geológicas. [...]

[...] Entre as espécies vegetais, podemos citar a belíssima araucária, árvore símbolo da região Sul e considerada criticamente ameaçada, que levou à criação do Parque Nacional das Araucárias, no estado de Santa Catarina. [...]

Podemos citar, também, a Estação Ecológica do Raso da Catarina, no norte da Bahia, que protege parte da caatinga onde vive a ameaçada arara-azul-de-lear.

Vinícius São Pedro. Parques e seus mascotes. *Ciência Hoje das Crianças*, Rio de Janeiro, 29 jan. 2016. Disponível em: <http://mod.lk/EliIy>. Acesso em: 16 abr. 2019.

a) O texto trata de um espaço público, privado ou doméstico? _____

b) Sublinhe com um traço o trecho que explica o que é uma área de proteção ambiental.

c) Sublinhe com dois traços o exemplo de espécie vegetal protegida.

d) Circule o exemplo de animal protegido.

**5** Ligue a atividade econômica ao lugar onde ela é realizada.

Campo

Cidade

ILUSTRAÇÕES: FERNANDO UEHARA

**6** Observe as duas imagens a seguir. Elas mostram uma roda de capoeira, atividade de lazer muito comum no Brasil.

À esquerda, *Negros lutando*, gravura de Augusto Earle, c. 1824. À direita, roda de capoeira no município de Salvador, capital do estado da Bahia, em fotografia de 2014.

- Agora, pinte de **verde** os quadradinhos dos itens que mostram permanências e de **vermelho** os que indicam mudanças em relação à capoeira.

**a)** Uma das atividades de lazer no Brasil, tanto no passado como no presente, é a capoeira, como revelam as duas imagens.

**b)** Há cerca de 150 anos, a capoeira era uma atividade proibida pelas autoridades, como representa o guarda na imagem 1, mas hoje ela é reconhecida como patrimônio cultural imaterial.

**c)** A capoeira, que era praticada pelos africanos escravizados, como mostra a imagem 1, ainda é uma prática comum no Brasil, mas jogada por pessoas de diferentes grupos sociais.

**d)** A capoeira tem a característica de ser uma mistura de jogo e luta observada por outras pessoas, como mostram as duas imagens.

- Você já participou de uma roda de capoeira, viu alguma no lugar onde vive ou em meios de comunicação? Escreva nas linhas a seguir.

_____

_____

_____

**7** Pinte de **amarelo** os quadros que mostram as atividades de lazer mais comuns no Brasil, há cerca de duzentos anos.

| | | |
|---|---|---|
| Ir a batuques. | Ir ao cinema. | Ir a bailes de gala. |
| Ir a jantares de gala. | Participar de festas religiosas. | Ir à praia. |
| Andar de *skate*. | Dançar o jongo. | Passear nos jardins públicos. |

**8** Complete o trecho a seguir com as palavras do quadro.

| saberes | arte | identidade | IPHAN |
|---|---|---|---|
| preservar | cultural | Patrimônio | monumentos |

_____ é tudo o que criamos, valorizamos e

queremos _____ : são os _____

e obras de _____ e também as festas, músicas e danças,

os folguedos e as comidas, os saberes, fazeres e falares. Tudo enfim que

produzimos com as mãos, as ideias e a fantasia. (Cecília Londres)

[...]

Segundo o Instituto do Patrimônio Histórico e Artístico Nacional –

_____, o patrimônio _____ de um

povo é formado pelo conjunto dos _____ , fazeres,

expressões, práticas e seus produtos, que remetem à história, à memória

e à _____ desse povo.

SECRETARIA DE ESTADO DA CULTURA. Estado de Alagoas. Patrimônio cultural: o que é?. Disponível em: <http://mod.lk/9qkyg>. Acesso em: 16 abr. 2019.

**9** Observe a ilustração e complete a ficha.

Arqueóloga e sua equipe trabalhando em sítio arqueológico.

| | |
|---|---|
| Que profissionais foram representados na ilustração? | |
| Que objeto foi encontrado? | |
| Qual é a importância do trabalho do arqueólogo? | |

**10** No passado, as mulheres eram responsáveis apenas por cuidar do espaço doméstico, isto é, da organização da casa e da criação dos filhos. Com o tempo, elas passaram a lutar por direitos iguais aos dos homens, como trabalhar fora, estudar e participar da política.

- Pesquise em jornais e revistas uma fotografia de mulher exercendo uma profissão. Cole-a no espaço ao lado e escreva um título para essa imagem.

- Em grupo, converse com seus colegas sobre as imagens e profissões que eles encontraram.

# A formação das cidades

## Lembretes

### Os primeiros grupos

- Muito antes de os portugueses chegarem às terras que viriam a ser o Brasil, já viviam na região diversos grupos indígenas, com diferentes costumes.

- Os povos indígenas tinham algumas características em comum: não consideravam a terra propriedade particular e trabalhavam para atender às necessidades da comunidade.

- Os portugueses colonizaram o Brasil. Isso quer dizer que Portugal foi a metrópole que explorou e administrou o território brasileiro. A primeira atividade explorada por eles foi a extração do pau-brasil, madeira avermelhada muito apreciada na Europa. Eles usaram a mão de obra indígena para isso.

- A colonização provocou a morte de muitos indígenas, a perda de suas terras e o enfraquecimento de sua cultura.

- Os portugueses aproveitaram os conhecimentos indígenas para explorar o território e sobreviver. Aprenderam a usar canoas e arco e flecha, a consumir milho e mandioca e a morar em casas de madeira ou taipa.

- Os portugueses usaram a mão de obra escrava no Brasil. Os africanos foram os principais grupos escravizados. Eles trabalhavam em diferentes atividades, principalmente na produção de açúcar.

ALAMY/FOTOARENA – BIBLIOTHÈQUE NATIONALE DE FRANCE

Indígenas cortando e carregando toras de pau-brasil, em detalhe do mapa "Terra Brasilis", do *Atlas Miller*, publicado por volta de 1519.

## Das vilas às cidades

- As primeiras vilas do Brasil iam surgindo nos locais onde os portugueses se instalavam para desenvolver alguma atividade econômica.

- A primeira vila fundada foi a de São Vicente, no litoral do atual estado de São Paulo, onde se cultivava cana-de-açúcar.

Benedito Calixto, *Fundação de São Vicente*, pintura de 1900. Museu Paulista da USP, São Paulo, Brasil.

- A Companhia de Jesus chegou ao Brasil em 1549, para catequizar os indígenas e fundar escolas católicas. Em 1554, eles fundaram um colégio que deu origem à vila de São Paulo de Piratininga, atual município de São Paulo, capital do estado de mesmo nome.

- Salvador foi fundada em 1549 por uma expedição comandada por Tomé de Sousa e tornou-se a primeira sede do governo português no Brasil.

- Conforme as vilas cresciam e se desenvolviam, eram elevadas à categoria de cidades.

# A ocupação do espaço por meio do comércio

- As primeiras vilas do Brasil foram fundadas no litoral. A ocupação do interior ocorreu por meio das bandeiras, das atividades de tropeiros e da criação de gado.

- As bandeiras eram expedições organizadas por colonos paulistas, chamados bandeirantes, que se dirigiam ao interior do Brasil a fim de capturar indígenas para serem escravizados e encontrar metais preciosos, como ouro.

- Os bandeirantes utilizaram os conhecimentos indígenas para entrar na mata fechada. Além disso, aproveitaram a rivalidade entre esses povos para fazer alianças e capturar mais indígenas.

- As bandeiras abriram caminhos e clareiras nas matas. Muitos desses locais tornaram-se povoados.

- Com a descoberta do ouro na região de Minas Gerais e sua exploração pelos colonos, surgiu a necessidade de abastecer os povoados que ali se formaram.

- Os tropeiros eram os responsáveis por comercializar alimentos e outros produtos nas áreas mineradoras. Essas mercadorias eram transportadas no lombo de animais de carga.

- Nos locais de parada para descanso das tropas, surgiram feiras e vilarejos que, mais tarde, se tornaram cidades. A atividade dos tropeiros foi essencial para ligar as diferentes regiões do Brasil.

- Outra atividade importante para a ocupação do interior do Brasil foi a criação de gado no Nordeste. O gado foi levado para o interior a fim de evitar que destruísse as plantações de cana-de-açúcar cultivadas no litoral.

- Os vaqueiros abriram caminhos entre o interior e o sertão nordestino para comercializar o gado, o que contribuiu para a formação de pequenos ranchos. Muitos desses ranchos se desenvolveram e tornaram-se cidades.

# A preservação das primeiras formações urbanas

- Muitas construções do período colonial foram preservadas e hoje constituem o valioso patrimônio histórico do Brasil.

- Esses edifícios revelam não só as primeiras características da urbanização do Brasil, como também informações sobre o modo de vida daquela época.

- O patrimônio natural diz respeito ao ambiente natural, à fauna e à flora.

- Os patrimônios históricos materiais são conjuntos arquitetônicos, vestimentas, obras de arte, documentos, entre outros.

- Os patrimônios históricos imateriais são os costumes, as comidas típicas, as festas, a religiosidade, a linguagem etc.

Rua da Cidade de Goiás, no estado de mesmo nome, em 2015.

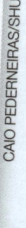

Vista área da praia de Pajuçara, no município de Maceió, capital do estado de Alagoas, em 2015.

# Atividades

**1** Ligue cada grupo social à sua característica na história do Brasil.

Indígenas

Portugueses

Africanos

Foi o principal grupo, usado como mão de obra escrava em diferentes atividades econômicas.

Viviam nas terras que viriam a ser o Brasil muito antes de os europeus chegarem.

Colonizaram o Brasil, explorando a mão de obra indígena e a de africanos escravizados.

**2** Leia as frases e classifique-as em verdadeira (**V**) ou falsa (**F**).

☐ Os indígenas, os africanos e os portugueses constituem as bases da identidade brasileira.

☐ Quando os portugueses chegaram às terras que viriam a ser o Brasil, não encontraram nenhum grupo humano vivendo nesse território.

☐ Milhões de africanos foram capturados em suas terras de origem, escravizados e trazidos à força para o Brasil.

☐ Os indígenas não foram escravizados porque fizeram alianças e trocas com os portugueses.

☐ Os bandeirantes se dirigiam ao interior do Brasil para capturar indígenas e encontrar metais preciosos.

**3** Complete as frases com as palavras do quadro.

> colônias    pau-brasil    povos indígenas
> metrópole    africanos    portugueses

a) A primeira atividade explorada pelos portugueses no Brasil foi a extração

do _____.

b) Muitos _____ foram escravizados e trazidos pelos

_____ para o Brasil para trabalhar em diferentes
atividades.

c) Os _____ do Brasil não consideravam a terra
uma propriedade particular.

d) A função das _____ era produzir e fornecer

mercadorias para sua _____.

**4** Pinte os balões que apresentam costumes indígenas aprendidos pelos
portugueses no Brasil.

Usar arco e
flecha para caçar.

Navegar pelos
rios em canoas.

Construir casas
de tijolo e cimento.

Construir
caravelas.

Consumir a mandioca
e seus derivados.

Dormir em redes.

**5** As imagens a seguir mostram marcas do passado e heranças das culturas indígenas, africanas e portuguesas no Brasil. Circule de **vermelho** as imagens que se referem aos indígenas, de **azul** aos africanos e de **verde** aos portugueses.

Passageiros descansando em redes, em barco que navega entre os municípios de Santarém, no estado do Pará, e Manaus, capital do estado do Amazonas em 2015.

Mulher vendendo acarajé em festa junina no município de Caruaru, no estado de Pernambuco, em 2015.

Rua do município de Ouro Preto, no estado de Minas Gerais, em 2019.

Pessoas praticando capoeira no município de São Paulo, no estado de mesmo nome, em 2014.

Mulher kuikuro produzindo beiju, no Alto Xingu, no estado de Mato Grosso em 2017.

Pátio do Colégio, no município de São Paulo, capital do estado de mesmo nome, em 2016.

**6** Complete o quadro com as informações que faltam sobre as primeiras vilas e cidades fundadas no Brasil.

| Nome | São Vicente | _____ | São Paulo de Piratininga |
|---|---|---|---|
| Ano de fundação | _____ | 1549 | _____ |
| Quem fundou | _____ | Tomé de Sousa | _____ |
| Atividade econômica na época de sua fundação | _____ | Produção de açúcar em engenhos, agricultura e sede administrativa do governo português | _____ |

**7** O que é o que é? Leia as dicas e dê as respostas.

a) Atividade econômica desenvolvida no Nordeste que contribuiu para a ocupação do interior do Brasil: _____

b) Pessoas que comercializavam produtos para as regiões mineradoras: _____

c) Expedições que se dirigiam ao interior do Brasil em busca de mão de obra indígena e ouro: _____

d) Alguns povos que se aliaram aos bandeirantes: _____

e) Pessoas que abriram caminhos entre o litoral e o sertão nordestinos para comercializar gado: _____

**8** Ligue cada grupo à sua contribuição para a formação de vilas e cidades no Brasil.

Tropeiros

Bandeirantes

Vaqueiros

Construíram casas e ranchos nos locais de parada entre o litoral e o sertão nordestinos.

Em busca de mão de obra indígena e ouro, abriram caminhos e clareiras nas matas do interior do Brasil, onde se formaram povoados.

Os locais de parada para descanso desses grupos tornaram-se pontos de encontro entre comerciantes.

**9** Leia o texto a seguir e faça o que se pede.

Entre o mar ocupado e o sertão, ficava uma vila pobre chamada São Paulo de Piratininga. Seus moradores precisavam sobreviver. Para alguns deles, os bandeirantes, a solução foi escravizar índios. "Era uma forma de conseguir mão de obra para as fazendas paulistas e faturar com o tráfico indígena", diz Manuel Pacheco Neto, historiador da Universidade Federal da Grande Dourados (MS).

[...] as expedições procuravam riquezas minerais e, principalmente, buscavam índios em quantidades gigantescas: por volta de 1630, 500 mil pessoas estavam mortas ou escravizadas. [...]

Bandeirantes: os brutais conquistadores do Brasil. *Aventuras na História*, 18 maio 2018. Disponível em: <http://mod.lk/uwpXl>. Acesso em: 16 abr. 2019.

a) Circule no texto o nome pelo qual os colonos paulistas que participaram das bandeiras ficaram conhecidos.

b) Sublinhe os trechos que apontam os objetivos das bandeiras.

**10** Observe a fotografia e leia a legenda. Depois, responda às perguntas.

Casario colonial e as igrejas de Nossa Senhora do Rosário dos Pretos (primeiro plano) e do Santíssimo Sacramento do Passo (ao fundo), no largo do Pelourinho, em Salvador, capital do estado da Bahia, em 2019. No largo do Pelourinho há diversas construções típicas da cultura portuguesa, que revelam características urbanas e do modo de vida da população no período colonial. Por sua importância histórica e cultural, muitos desses patrimônios foram tombados para serem preservados.

a) Que tipo de patrimônio histórico a fotografia mostra?

_____

b) Que construções importantes para a história de Salvador aparecem na fotografia?

_____

_____

_____

c) Por que é importante preservar essas construções?

_____

_____

_____

**11** Leia o texto sobre a história do município de Mariana, no estado de Minas Gerais e faça o que se pede a seguir.

No dia 16 de julho de 1696, a bandeira comandada por Salvador Fernandes Furtado de Mendonça fixou uma base nas margens de um ribeirão denominado "do Carmo". [...] Toda a região se revelaria uma imensa reserva de ouro, atraindo um grande número de pessoas. [...] Em 1711, o arraial foi elevado à vila, a primeira de Minas [Gerais] [...]. [...] em 1745 seria elevada à cidade, com o nome de Mariana. Para elaborar um projeto urbanístico para a nova cidade, foi contratado o brigadeiro José Fernandes Pinto de Alpoim. [...] Tomava forma a primeira cidade planejada de Minas, com ruas em linha reta e praças retangulares.

Marcelo J. B. Resende. O estado mineiro. *Mariana.org.br,* Belo Horizonte, 2015.
Disponível em: <http://mod.lk/fsg2x>. Acesso em: 16 abr. 2019.

Numere de **1** a **4**, na ordem correta, os acontecimentos que levaram à fundação da cidade de Mariana.

☐ Mariana tornou-se a primeira cidade planejada de Minas Gerais.

☐ Atraídas pelo ouro, muitas pessoas foram para Ribeirão do Carmo, o que contribuiu para que o arraial se tornasse uma vila.

☐ A vila se desenvolveu e foi elevada à cidade, e o brigadeiro José Fernandes foi contratado para fazer um projeto urbanístico.

☐ Perto de um rio, bandeirantes fundaram um arraial que foi chamado de Ribeirão do Carmo.

**12** Sobre a formação de São Paulo, marque as frases corretas:

☐ A região anteriormente era habitada por indígenas.

☐ Os jesuítas fundaram no local um colégio para catequizar os filhos dos portugueses.

☐ O colégio fundado pelos jesuítas deu origem à Vila São Paulo de Piratininga.

**13** Pense em uma paisagem natural do estado onde você vive, a qual você acha que deveria ser considerada um patrimônio natural.
Depois, desenhe-a no espaço a seguir.

**14** Procure em jornais e revistas uma imagem que mostra um exemplo de patrimônio histórico imaterial do Brasil. Recorte-a e cole-a no espaço a seguir.

## Lembretes

### As grandes plantações: a cana-de-açúcar

- No início da colonização do Brasil, o clima e o solo da atual região Nordeste propiciaram o cultivo de cana-de-açúcar. O açúcar era muito valorizado na Europa e foi o negócio escolhido pelos portugueses para aumentar suas riquezas.

- A cana-de-açúcar era cultivada por africanos escravizados em grandes propriedades monocultoras, extensas áreas que foram desmatadas para o cultivo de um único tipo de planta.

- O açúcar era produzido em um complexo chamado engenho. Nele, havia uma capela para cerimônias religiosas; a casa-grande, onde morava o dono do engenho e seus familiares; a senzala, onde moravam os africanos escravizados; e os equipamentos utilizados para produzir açúcar, como a moenda.

- Os africanos escravizados viviam em péssimas condições. Eles trabalhavam longas horas embaixo do sol, não recebiam alimentação adequada, sofriam maus-tratos e tinham que viver amontoados nas senzalas, sem higiene nem conforto.

- Os africanos escravizados resistiram ao cativeiro por meio de fugas, revoltas, queimando plantações e organizando quilombos, comunidades que eram formadas por escravos fugidos em áreas de difícil acesso e que combatiam a escravidão.

- O maior e mais importante quilombo foi o de Palmares, formado na serra da Barriga, no atual estado de Alagoas. Ele existiu por cerca de noventa anos e foi destruído em 1694 por uma expedição bandeirante.

- As comunidades quilombolas existentes em algumas regiões do Brasil são remanescentes dos antigos quilombos. Elas preservam a tradição de seus antepassados africanos.

## Pecuária e ocupação do interior

- Uma lei de 1701 proibiu a pecuária perto dos engenhos, para evitar que o gado destruísse as lavouras de cana-de-açúcar. Assim, a pecuária se deslocou para o interior do Brasil, contribuindo para o surgimento de fazendas de gado.

- O gado era usado para transportar cana--de-açúcar e mover as moendas e ainda fornecia couro, carne e leite.

- As capitanias hereditárias eram lotes de terras (sesmarias) doados por Portugal a ricos colonos, chamados donatários, que em troca deviam ocupar e desenvolver economicamente a região.

- As sesmarias, porém, já eram ocupadas por povos indígenas, que resistiram aos avanços dos colonos. A Confederação dos Kariri, que ocorreu entre 1686 e 1713 nos atuais estados do Rio Grande do Norte, da Paraíba e do Ceará, é um exemplo da resistência indígena.

- Nos confrontos com os portugueses, muitos povos indígenas foram exterminados ou escravizados. Os que sobreviveram lutaram para manter vivas suas tradições e até hoje seus descendentes fazem o mesmo esforço.

Engenho de cana-de-açúcar, criação de gado e fazenda de café.

## A cafeicultura e a formação da população

- A partir de 1830, o café começou a ser cultivado no Rio de Janeiro e em São Paulo para, depois, ser vendido para a Europa e os Estados Unidos.

- A expansão da cafeicultura impulsionou a construção de ferrovias que ligavam o interior aos portos do litoral e o desenvolvimento urbano de regiões próximas às lavouras de café.

- Os africanos escravizados eram a principal mão de obra usada na produção de café. Mas isso começou a mudar a partir de 1850, quando o tráfico de escravos para o Brasil foi proibido.

- Com a proibição do tráfico de escravizados diretamente da África, eles continuaram a ser trazidos ao Brasil de maneira clandestina.

- Os fazendeiros da região Sudeste começaram um tráfico interno, comprando os escravizados do Nordeste, onde a produção do açúcar diminuía.

- Por meio de propagandas, o governo e os cafeicultores começaram a incentivar a vinda de imigrantes, principalmente europeus, para trabalhar nas lavouras de café.

- A propaganda para atraí-los oferecia trabalho, terras e oportunidades de melhores condições de vida, mas, quando chegavam ao Brasil, as condições de trabalho eram muito desfavoráveis.

- Inicialmente, os imigrantes trabalhavam em um lote de terra e davam parte da produção aos donos dessas terras, além de pagar a eles os empréstimos feitos para arcar com o custo da moradia, da alimentação e dos equipamentos de trabalho. Mais tarde, os imigrantes passaram a receber um salário pelas tarefas realizadas.

- A vida dos imigrantes era difícil e, muitas vezes, os donos das terras queriam tratá-los como escravizados.

- Muitas comunidades de imigrantes que se formaram, principalmente nas atuais regiões Sul e Sudeste do Brasil, deram origem a cidades.

- A escravidão no Brasil foi abolida em 1888, mas os ex-escravizados continuaram a viver em péssimas condições: quando conseguiam trabalho, recebiam salários baixíssimos; não tinham acesso a educação nem a moradia; e sofriam com o preconceito.

# Do campo para a cidade: as fábricas e os operários

## Da lavoura à fábrica

- Boa parte das riquezas geradas pela produção de café no Brasil foi investida na criação de indústrias. Isso contribuiu para acelerar a urbanização, principalmente na atual região Sudeste.

- Por causa das condições precárias do trabalho no campo, e com o desenvolvimento urbano, muitos imigrantes se deslocaram para as cidades em busca de melhores oportunidades.

- Nas cidades, os imigrantes se tornaram operários das indústrias, abriram estabelecimentos comerciais ou passaram a trabalhar como artesãos (sapateiros, marceneiros, entre outras profissões).

## Migrações internas

- Com as secas periódicas nas áreas rurais do Nordeste, muitos habitantes dessa região saíram em busca de melhores condições de vida nas cidades.

- As oportunidades de trabalho geradas pelo desenvolvimento urbano e industrial também foram motivos para pessoas de todo o Brasil migrarem do campo para as cidades.

- Nas cidades, os migrantes trabalhavam como operários, vendedores, mecânicos, cozinheiros, pedreiros, entre outras atividades.

## Tecnologia e indústria no campo: agroindústria

- As inovações na agricultura também contribuíram para o aumento da migração do campo para as cidades.

- A criação de máquinas agrícolas, que passaram a realizar tarefas antes executadas por pessoas, deixou muitos trabalhadores rurais desempregados, forçando-os  a migrar para as cidades.

- A mecanização no campo deu origem a uma poderosa indústria agrícola, que aumentou a degradação ambiental com desmatamentos, queimadas e uso de agrotóxicos.

# Atividades

**1** Identifique o nome das construções do engenho de açúcar.

*Vista do Engenho Real*, de Frans Post. Óleo sobre tela. Museu do Louvre, Paris.

**2** Leia o texto e faça o que se pede.

> Os escravos são as mãos e os pés do senhor do engenho, porque sem eles no Brasil não é possível fazer, conservar e aumentar fazenda, nem ter engenho corrente. [...] Uns chegam ao Brasil muito rudes e muito fechados e assim continuam por toda a vida. Outros, em poucos anos saem [...] espertos, assim para aprenderem a doutrina cristã, como para buscarem modo de passar a vida [...].
>
> André João Antonil. *Cultura e opulência do Brasil*. Belo Horizonte: Itatiaia, 1997. p. 89.

a) Circule os grupos sociais citados no texto.

b) Sublinhe o trecho que mostra a importância da mão de obra escrava no meio rural no Brasil colonial.

**3** Complete o texto com as palavras do quadro.

| quilombos resistiram açúcar senzalas |
| africanos escravizados longa jornada maus-tratos |

No Brasil colonial, a principal mão de obra usada na produção de açúcar

era a de _____. Eles tinham uma

_____ de trabalho: derrubavam

a mata, preparavam o solo, plantavam e colhiam a cana e a transformavam

em _____. Também executavam serviços domésticos,

de pedreiro, de marceneiro, entre outras tarefas. Os africanos escravizados

ainda sofriam _____ e viviam

nas _____, que não tinham conforto nem condições

de higiene. Muitos _____ ao cativeiro por meio de fugas,

revoltas e formação de _____.

**4** Observe a tabela a seguir. Depois, faça o que se pede.

| Comunidades quilombolas no Brasil (2018) | |
|---|---|
| **Região** | **Total** |
| Sul | 179 |
| Sudeste | 508 |
| Norte | 360 |
| Centro-Oeste | 158 |
| Nordeste | 2.007 |

**Fonte:** Fundação Cultural Palmares; Ministério da Cultura. *Quadro Geral de Comunidades Remanescentes de Quilombos (2018)*, Brasília, 2018. (Adaptado). Disponível em: <http://mod.lk/9L7Ao>. Acesso em: 16 abr. 2019.

a) Marque a região brasileira que apresenta o maior número de comunidades remanescentes de quilombos.

b) O que poderia explicar esse grande número de comunidades quilombolas nessa região?

_____

_____

_____

_____

**5** Classifique as imagens a seguir de acordo com a legenda.

**APA** Produção de açúcar no passado

**CPA** Cafeicultura no passado

**APR** Produção de açúcar no presente

**PPR** Pecuária no presente

**PPA** Pecuária no passado

**CPR** Cafeicultura no presente

Criação de gado no município de São Martinho da Serra, no estado do Rio Grande do Sul, em 2018.

Colheita manual de cana-de-açúcar no município de Engenheiro Beltrão, no estado do Paraná, em 2018.

Colheita de café no interior do estado de São Paulo (SP), em 2016.

Frans Post, *O descarregamento e a moagem da cana em um engenho de açúcar*, pintura de 1640. Museus Reais de Belas Artes da Bélgica, Bruxelas.

Escravizados trabalham em plantação de café em fazenda do Vale do Paraíba, na província de São Paulo, em 1882.

Leandro Joaquim, *Vista da Lagoa do Boqueirão e Aqueduto da Carioca (Arcos da Lapa)*, pintura de 1790. Museu Histórico Nacional, Rio de Janeiro.

**6** Como o gado bovino era usado no Brasil colonial? Pinte os itens que apresentam exemplos que respondam à questão.

| | |
|---|---|
| Meio de transporte | Fornecimento de carne e leite |
| Fornecimento de couro para a fabricação de produtos | Auxílio para encontrar ouro |
| Movimentação da moenda do engenho de açúcar | Animal de estimação |

**7** Complete o quadro sobre a Confederação dos Kariri .

| Confederação dos Kariri | |
|---|---|
| Local e data | |
| Grupo social que participou do movimento | |
| Qual era o objetivo | |
| Desfecho | |

**8** Pinte as informações de acordo com a legenda.

🟩 Escravizado          🟧 Trabalhador livre

| Não possui nenhum direito. | Recebe um salário. | É considerado uma mercadoria. |

| É livre para ir e vir. | Hoje, é proibido por lei. |

**9** Ligue cada grupo aos motivos que o levaram a migrar do campo para as cidades no Brasil há cerca de cem anos.

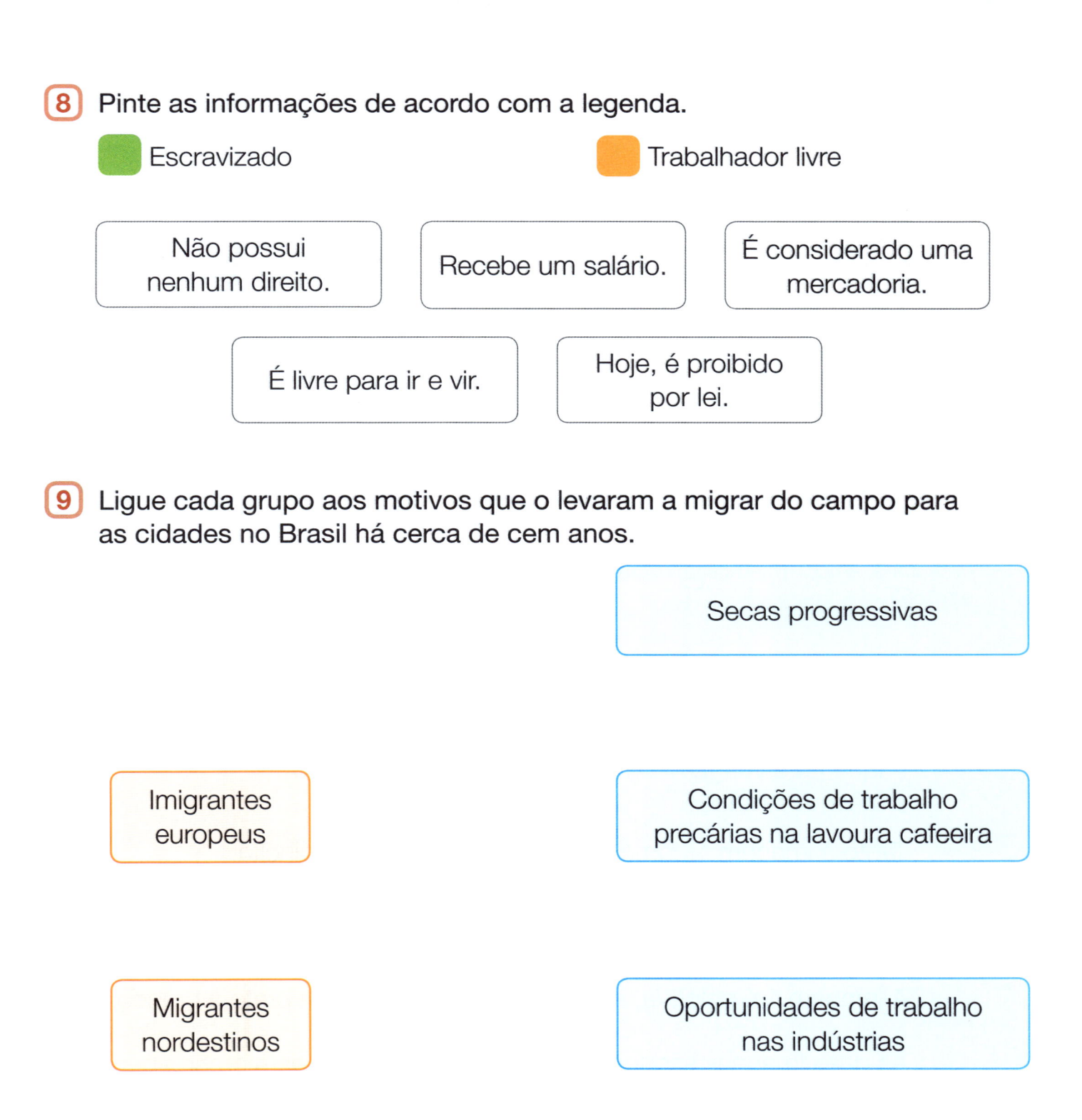

Secas progressivas

Imigrantes europeus

Condições de trabalho precárias na lavoura cafeeira

Migrantes nordestinos

Oportunidades de trabalho nas indústrias

Crise do café e diminuição da produção cafeeira

**10** Observe as imagens e, depois, classifique as afirmativas de acordo com as legendas.

À esquerda, colheita mecanizada de café no município de Santa Mariana, no estado do Paraná, em 2018. À direita, escravizados colhem café na província do Rio de Janeiro, em 1882.

**S** Semelhanças          **D** Diferenças

☐ A imagem 1 mostra o uso de uma máquina na colheita de café, enquanto a imagem 2 mostra escravizados fazendo a mesma atividade.

☐ Tanto a imagem 1 como a imagem 2 mostram a colheita de café no Brasil.

☐ A imagem 2 foi fotografada em 1882, enquanto a imagem 1 é atual.

☐ A imagem 1 é colorida, enquanto a imagem 2 é em preto e branco.

☐ As duas imagens são fontes históricas que nos ajudam a perceber as mudanças e permanências na produção de café no Brasil ao longo do tempo.

• Cite duas consequências da mudança mostrada nas imagens.

_____

_____

**11** Observe as imagens a seguir.

À esquerda, *Derrubada de uma floresta*, 1835, gravura de Johann Moritz Rugendas.
À direita, vista de área desmatada e queimada para abertura de pastagem
no município de Oiapoque, no estado do Amapá, em 2018.

- Agora, analise as afirmações a seguir e marque um X em verdadeiro ou falso.

a) Há cerca de 180 anos, no Brasil, havia uma conscientização maior
   sobre a importância de preservar o meio ambiente.

   ☐ Verdadeiro                    ☐ Falso

b) No Brasil, o desmatamento para a abertura de pastos e atividades
   agrícolas ainda é uma prática comum.

   ☐ Verdadeiro                    ☐ Falso

**12** O que é o que é? Leia as dicas e responda.

a) Produto muito apreciado na Europa e nos Estados Unidos que foi

   cultivado no Sudeste do Brasil a partir de 1830: _____

b) Pessoas que foram incentivadas a vir para o Brasil a fim de substituir

   a mão de obra escravizada nas lavouras de café: _____

c) Via de transporte construída no Brasil com as riquezas geradas

   pela cafeicultura: _____

d) Pessoa que se desloca de um lugar para outro: _____

e) Trabalhador que recebe um salário pelas tarefas realizadas: _____

**13** Com o desenvolvimento urbano e industrial do Brasil, muitas pessoas migraram do campo para as cidades. Circule as imagens que mostram as oportunidades de trabalho encontradas por elas nas cidades.

A

B

C

D

E

F

## Lembretes

### Diferentes lugares: os municípios

- Os municípios são divisões administrativas dos estados. Têm autonomia para decidir questões relacionadas à administração local, como abastecimento de água, coleta de lixo, iluminação, transporte coletivo, entre outras.

- Cada município tem uma Prefeitura, que é a autoridade máxima, e uma Câmara Municipal, formada por vereadores responsáveis por criar leis.

- Os municípios podem ser divididos em área rural (campo) e área urbana (cidade).

- Atualmente, a parcela da população mundial que vive nas cidades é maior que a do campo. Muitas pessoas migraram das áreas rurais para as áreas urbanas em busca de emprego. O crescimento urbano causou problemas, como o aumento da poluição, a falta de transporte coletivo de qualidade, os congestionamentos no trânsito, o aumento do número de moradias precárias, entre outros.

### Cidade, trabalho e indústria

- A concentração de indústrias no Sudeste do Brasil contribuiu para o crescimento urbano.

- Cidades como São Paulo e Rio de Janeiro tiveram grande aumento populacional, pois muitas pessoas migraram do campo para as áreas urbanas em busca de trabalho nas indústrias.

- Novos hábitos de consumo foram criados nas cidades, pois as indústrias recém-instaladas passaram a produzir diversos artigos, como alimentos, sabão, roupas, ferramentas, calçados, entre outros.

- Novas relações de trabalho também surgiram com a industrialização: de um lado, formou-se uma classe dominante industrial; de outro, a classe operária.

- Com o desenvolvimento industrial, as cidades cresceram, assim como o número de habitantes. Elas não tinham, porém, a infraestrutura necessária para atender toda a população. Por isso, a maioria das pessoas vivia em condições precárias.

- Nas áreas centrais de algumas cidades, como o Rio de Janeiro, surgiram moradias coletivas sem sistema de água e esgoto nem ventilação, como os cortiços, nas quais famílias inteiras dividiam um único cômodo.

Instalação dos trilhos do bonde na rua Direita, centro do município de São Paulo, capital do estado de mesmo nome, em 1900.

- Longe do centro e próximo das indústrias, formaram-se vilas e bairros operários, onde os trabalhadores viviam.

- No início da industrialização do Brasil, o trabalho infantil era permitido. Muitas crianças, em vez de estudar, trabalhavam em jornadas de 12 a 14 horas para ajudar a complementar a renda da família.

## O crescimento das cidades

- Com o tempo, diversas cidades brasileiras passaram por reformas urbanas que, de um lado, trouxeram melhorias, mas, de outro, criaram problemas para a população mais pobre.

- A cidade de Manaus desenvolveu-se graças à extração de látex na Floresta Amazônica. O látex era transformado em borracha e vendido para a Europa e os Estados Unidos, em especial para a indústria automobilística.

- O lucro obtido com o comércio da borracha foi investido na urbanização de Manaus. Várias reformas foram realizadas: abertura de avenidas, construção de redes de água e esgoto, instalação de energia elétrica e de bondes.

- Em São Paulo, a urbanização se deu graças às riquezas geradas pela cafeicultura. Além de incentivar as indústrias e as ferrovias, os cafeicultores investiram na criação de infraestrutura urbana, como trilhos para bondes, calçamento de ruas, iluminação pública etc.

- Ricos cafeicultores passaram a morar na capital paulista, onde construíram casarões que contrastavam com os bairros operários, muitos deles formados por imigrantes.

- Também existiam vilas operárias construídas pelos próprios industriais, de acordo com as regras da Prefeitura paulistana. Em algumas delas, havia melhores condições de moradia, além de serviços como creche e hospital.

- A cidade do Rio de Janeiro, a partir de 1903, quando era a capital da República, passou por grande reforma urbana, em que muitas moradias populares foram derrubadas para dar lugar a avenidas e casarões. Mas as pessoas que moravam nesses locais foram obrigadas a viver nas encostas dos morros ou longe do centro, dando origem às favelas.

## O modo de vida nas cidades

- Por volta de 160 anos atrás, não havia energia elétrica. As pessoas usavam lamparinas e velas para iluminar o ambiente. Nas ruas das cidades, a iluminação pública era feita com lampiões a óleo e a gás.

- Há cerca de cem anos, as ruas passaram a ter postes com lâmpadas elétricas. A energia também chegou às casas, facilitando a vida da população e o desenvolvimento de diversos aparelhos elétricos.

- A energia elétrica também possibilitou o desenvolvimento dos meios de comunicação, como o rádio, a televisão e o telefone.

- O rádio e a televisão apresentavam programas que passaram a ser novas formas de lazer. Outra novidade foi o cinema.

- Inicialmente, usavam-se cavalos e burros para movimentar os meios de transporte. Os mais ricos andavam em charretes e carroças puxadas por animais.

- Nas cidades, o transporte coletivo era feito em bondes puxados por animais. O bonde elétrico chegou ao Brasil somente em 1892.

- Com o desenvolvimento tecnológico, surgiram veículos movidos por motores elétricos ou a combustão, mas que, por serem muito caros, eram restritos às pessoas mais ricas.

# Atividades

**1** Circule os itens que são de responsabilidade da administração do município.

**2** Analise as afirmações a seguir e marque um X nas corretas.

☐ Os municípios podem apresentar uma área urbana e uma área rural.

☐ A Prefeitura é o único órgão administrativo do município.

☐ A maioria dos brasileiros vive em áreas urbanas.

**3** Observe o gráfico a seguir.

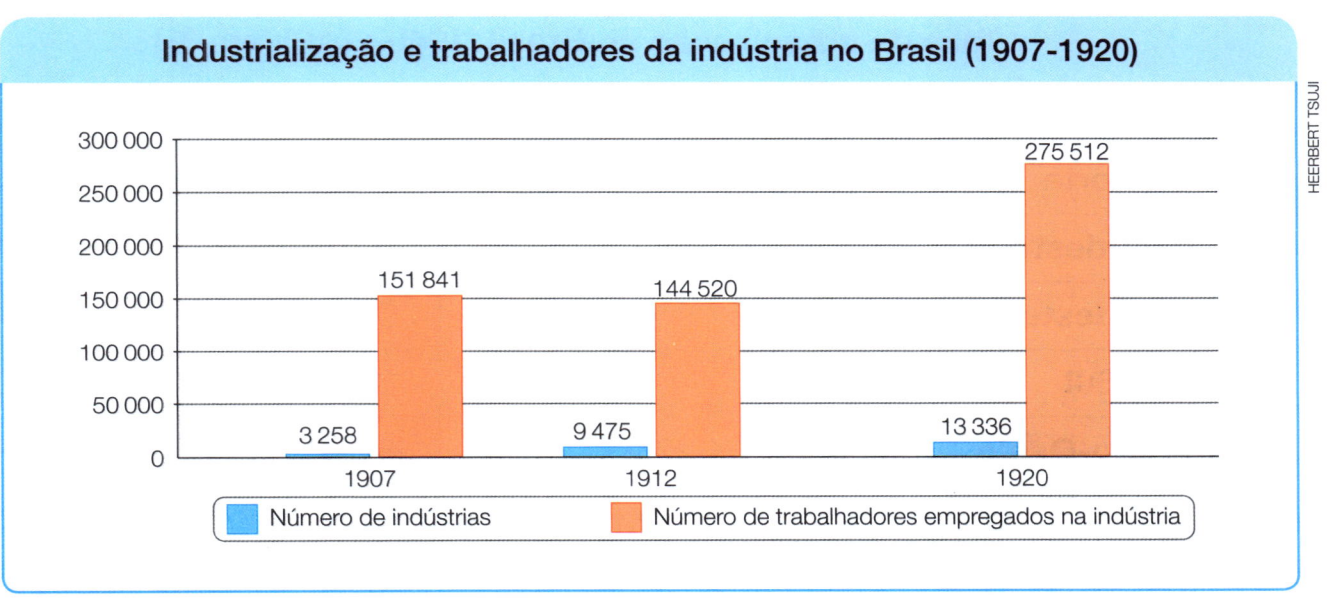

**Industrialização e trabalhadores da indústria no Brasil (1907-1920)**

- 1907: 3 258 (Número de indústrias); 151 841 (Número de trabalhadores empregados na indústria)
- 1912: 9 475; 144 520
- 1920: 13 336; 275 512

■ Número de indústrias   ■ Número de trabalhadores empregados na indústria

Fonte: Instituto Brasileiro de Geografia e Estatística (IBGE). *Inquéritos industriais, 1907,1912 e Censo 1920*.
Tabela extraída de: Estatísticas do Século XX. Rio de Janeiro: IBGE, 2007.
Disponível em: <http://mod.lk/wnwhb> e <http://mod.lk/3sajc>. Acesso em: 23 maio 2019.

Agora, analise as afirmações sobre o gráfico e classifique cada afirmativa como verdadeira (**V**) ou falsa (**F**).

☐ Entre 1907 e 1920, o Brasil vivenciou um grande crescimento industrial, o que refletiu também no aumento do número de operários.

☐ O Brasil teve um grande crescimento industrial entre 1907 e 1912, mas que começou a diminuir em 1920.

☐ Não havia mão de obra disponível para as indústrias brasileiras; por isso, o número de fábricas diminuiu entre 1907 e 1920.

☐ Em 1912, apesar de o número de indústrias ter crescido em relação a 1907, o número de operários empregados nas fábricas diminuiu.

**4** Circule os nomes dos artigos que vêm sendo produzidos nas indústrias brasileiras há cerca de 115 anos.

CHAPÉUS          VELAS          COMPUTADORES

AVIÕES          CELULARES

ALIMENTOS          TECIDOS          FERRAMENTAS

**5** Observe a tabela a seguir e responda às perguntas.

| Taxa de urbanização no Brasil (1940-2010) (em %) | | | | | | |
|---|---|---|---|---|---|---|
| **Região** | **1940** | **1960** | **1980** | **2000** | **2007** | **2010** |
| **Norte** | 27,75 | 37,38 | 51,65 | 69,83 | 76,43 | 73,53 |
| **Nordeste** | 23,42 | 33,89 | 50,46 | 69,04 | 71,76 | 73,13 |
| **Sudeste** | 39,42 | 57,00 | 82,81 | 90,52 | 92,03 | 92,95 |
| **Sul** | 27,73 | 37,10 | 62,41 | 80,94 | 82,90 | 84,93 |
| **Centro-Oeste** | 21,52 | 34,22 | 67,79 | 86,73 | 86,81 | 88,80 |

Fonte: Instituto Brasileiro de Geografia e Estatística (IBGE). *Censo demográfico 1940-2010*. Até 1960, dados extraídos de: *Estatísticas do século XX*. Rio de Janeiro: IBGE, 2007 no *Anuário Estatístico do Brasil*, 1981, v. 42, 1979. Disponível em: <http://mod.lk/bznd0>. Acesso em: 28 maio 2019.

a) O que a tabela mostra?

_____

_____

b) Qual era a região mais urbanizada em 1940? Hoje, ela ainda mantém essa posição?

_____

c) Que acontecimento histórico contribuiu para que essa região se tornasse a mais urbanizada no período?

_____

_____

**6** Compare as duas imagens e complete o quadro.

ASSOCIAÇÃO CULTURAL DO ARQUIVO PÚBLICO MINEIRO

ANTONIO SALAVERRY/SHUTTERSTOCK

Vista da praça Sete de Setembro, no município de Belo Horizonte, capital do estado de Minas Gerais, em 1927 e em 2019.

| Mudanças | Permanências |
|---|---|
|  |  |
|  |  |
|  |  |
|  |  |
|  |  |
|  |  |
|  |  |
|  |  |

**7** Faça as ligações corretas sobre o trabalho infantil no Brasil.

As crianças trabalham nas fábricas em turnos de 12 a 14 horas por dia.

PRESENTE

O trabalho infantil é proibido por lei.

PASSADO

Adolescentes a partir de 14 anos podem trabalhar como jovens aprendizes.

Muitas crianças sofrem acidentes nas indústrias.

**8** Complete o quadro.

| Reformas urbanas | | |
|---|---|---|
| **Cidade** | **Manaus** | **São Paulo** |
| Atividade econômica que contribuiu para a urbanização | | |
| Principais mudanças | | |

**9** Complete o texto com as palavras do quadro.

> moradia   cidade   meios de transporte   campo   lazer   população

Com o desenvolvimento industrial no Brasil, muitas pessoas migraram

do _____ para a _____ em busca

de trabalho nas fábricas. Assim, muitas transformações ocorreram nas

cidades: a _____ e a oferta de produtos aumentaram,

novos hábitos de consumo foram criados, os _____

_____ se desenvolveram, o acesso à _____

foi ampliado, assim como as formas de _____.

**10** O depoimento a seguir é de Jorge Street, industrial que mandou construir a Vila Maria Zélia, na cidade de São Paulo.

[…] ao redor da fábrica mandei construir casas para a moradia dos trabalhadores com toda a comodidade e conforto da vida social atual […] depois de um grande parque com coreto para concertos […], um campo de *Football*; uma grande igreja com batistério; um grande armazém com tudo o que o operário possa ter necessidade para sua vida, […] uma escola para os filhos de operários e creches […]. Quis dar ao operário […] a possibilidade de não precisar sair do âmbito da pequena cidade que fiz […].

Jorge Street *apud* Vanderlice de Souza Morangueira. *Vila Maria Zélia*: visões de uma vila operária em São Paulo (1917-1940). 2006. 197 f. Dissertação (Mestrado em História Econômica), Universidade de São Paulo, São Paulo, 2006. p. 87-88. Disponível em: <http://mod.lk/LT231>. Acesso em: 16 abr. 2019.

a) Circule o local onde foi construída a Vila Maria Zélia.

b) Sublinhe o trecho em que são mencionadas as comodidades dessa vila operária.

c) Qual era o objetivo de oferecer essas comodidades aos trabalhadores?

_____

**11** O desenvolvimento urbano e industrial trouxe muitas melhorias para a população, mas também gerou novos problemas e agravou outros. Faça um X nos itens que apresentam as consequências negativas desse processo.

☐ Aumento da poluição do ar e da água.

☐ Maior acesso aos hospitais e às escolas.

☐ Congestionamentos.

☐ Aumento do número de moradias precárias.

☐ Novas oportunidades de trabalho.

☐ Exploração do trabalho infantil.

☐ Instalação de redes de esgoto.

**12** O que é o que é? Leia as dicas e relacione-as às respostas.

a) Nome dado às divisões administrativas de um estado.

b) Área do município que se caracteriza pelas atividades agropecuárias.

c) Área urbana do município.

d) Atividade econômica que contribuiu para a urbanização do Brasil.

e) Artigo vendido no exterior que gerou riquezas para a reforma urbana de Manaus.

f) Termo usado para se referir aos trabalhadores das fábricas.

☐ Rural      ☐ Industrialização

☐ Operários      ☐ Municípios

☐ Cidade      ☐ Borracha